活学新書

渋沢栄一
人生を創る言葉
50

渋澤 健

致知出版社

渋沢栄一　人生を創る言葉50＊目次

第二章　智・情・意の具わった人間を目指す――自分の生き様

第三章　よき交際がよき人生を創る――自分の家族

第四章 「私利私欲」から「公利公益」へ——自分の仕事

第五章 民間の活力で黄金の国を造る――自分の国

装　幀――川上成夫
編集協力――柏木孝之
カバー写真提供――渋沢栄一記念館

序　明治百五十年と渋沢栄一

来年の「明治百五十年」を迎え、時代の節目を感じます。そのタイミングで、なぜ渋沢栄一なのか。

「日本の資本主義の父」といわれる渋沢栄一が活躍した明治・大正時代には、他に数多くの実業家が事業を通じて成功を成し、日本の経済社会の近代化への発展を支えました。そうした中で、およそ百年の年月を経た現在でも大勢から評される栄一は、群を抜いていると思います。

・尊王攘夷に影響され高崎城の乗っ取りを企んだ熱血の若者

・ご縁のおかげで一転し、徳川慶喜《よしのぶ》公に仕え、幕府の使節団員として欧州で様々な刺激を受けて、近代化の種を日本へ持ち帰った先覚者
・明治新政府で次々と旧体制を打破する構造改革を促す新しい制度を設計し、実施した精鋭官僚
・日本初の銀行である第一国立銀行をはじめ、およそ五百社の設立に関与した大実業家
・およそ六百の大学、病院、社会福祉施設など非営利の組織や活動の設立に関与した社会起業家
・日本が、グローバル市民として認められるよう民間外交に従事し、当時のアメリカ人から「グランド・オールド・マン」として敬された世界人

栄一の一生分のドラマは、とても一冊に収めることができません。当時の実業家に比類ないスケールの大きさの源泉は何か。それは、栄一の心に宿っ

ていたと思います。

事業の繁栄はもちろん重要でしたが、栄一にとって、それは目的ではなく手段でした。事業が繁栄すれば、人々は富み、国力も高まる。日本は、もっと良い国になれるのだ――この国家論が、渋沢栄一の行動指針でした。

栄一の玄孫として生を受けた私が、高祖父が遺してくれた言葉に直接触れたのは、シブサワ・アンド・カンパニーという会社を平成十三年に起こしたときでした。私は四十歳でした。

その言葉の内容に驚きました。旧漢字などが多く、読みやすい文章ではありませんでした。しかし、その言葉は過去の遺跡ではなく、これからの日本が使えるフレッシュな内容がたくさん詰まっていたのです。

平成十九年にコモンズ株式会社という社内ベンチャーを起こし、仲間たちと平成二十年にコモンズ投信株式会社を設立して、「今日よりも、よい明日」を共創する長期的な「つみたて投資」を日本全国の世帯へ向けて推奨する日々を過ごしています。

栄一とは比べることができない経営者のはしくれです。従って、日常の悩みもたくさんあります。そのような悩みに直面したときに、自分はどのように進むべきか。その支えになってくれているのが、栄一の言葉です。


本書は『青淵百話《せいえんひゃくわ》』としてまとめられた栄一の談話から、本人の言葉を抜粋し、そこから私が感じ取った意味や気づきを備えてアレンジしています。栄一の言葉の解読というより、言葉に触れることによって著者である私が啓発されたコンテンツをまとめたものです。ご参考にしていただきたい内容ですが、これは一例にすぎません。

是非、皆さんも栄一の言葉に触れていただきたく思います。そして、栄一の言葉が、ご自身の考えや想いの確認、あるいは新たな気づきにお役に立てるようでしたら、それ以上の喜びはございません。

冒頭に「なぜ今、渋沢栄一なのか」と書きました。それは栄一が遺した言葉には常に未来志向があったからです。「明治百五十年」を迎えても、栄一の言葉は古びることなく光り輝いています。

第一章

価値のある一生を生きる

——自分の成功

一、幸福は自分一人では発達しない

人の一身の幸福が世に処する間に
自己一人にて発達すると思ふは
大なる誤解である

人の一身の幸福が世に処する間に自己一人にて発達すると思ふは大なる誤解である。社会の力の功徳が之《これ》に与《あずか》って重きを為すもので、独り自己一人の智恵ばかりに依《よ》るものではない。故に人は社会の恩恵を忘れてはならぬではないか。この故に如何《いか》に自己一人で蓄積した資産だとはいへ、これを其の血統の者にばかり譲り渡すのは甚《はなは》だ不当で、社会の恩恵を思へば之を一般社会にも分けるのが当然である。

●人生の成功は「競争」ではなく「共創」で決まる

人間は、他から孤立して生存できるかもしれません。しかし、単に生存することと、人として生きる「人生」は異なります。人生を、一人で成り立たせることは不可能です。

自分の生存のことだけを考えれば、人間には笑顔も泣き顔も必要ありません。人間は社会の中で生きる存在です。だから栄一の言うように「人は社会の恩恵を忘れてはならぬ」のです。

地球の他の生き物が持っていない人間の特長とは想像力であると言われています。これは自分が体験していない時空に飛躍できる力です。

利己は自分の体験しか眼中にありません。一方、利他には飛躍の力が必要です。自分自身ではない他人の考え、気持ち、立場を想像して、自ら行動することが利他だからです。

人類が利己という本能しかない生き物であれば、社会を発達させ、文明を築くことはできなかったでしょう。想像力がもたらした利他の精神があったから、人間は文明社会を他と共創することができたのです。

「共に創る」こと。渋沢栄一の思想の核心に、この共創という精神があります。これは同じ「キョウソウ」である競争の否定では決してありません。

ただ、競争の勝者には権利だけではなく、義務もあります。人生の成功は競争ではなく、共創で決まります。

二、成功失敗は泡沫の如き

一時の成功とか失敗とかいふものは、
長い人生、価値多き生涯に於ける
泡沫の如きもの

現代の人は唯成功とか失敗とかいふことを眼中に置いて、それよりもつと大切な天地間の道理を見て居らない。

一時の成功とか失敗とかいふものは、長い人生、価値多き生涯に於ける泡沫《ほうまつ》の如きものである。然るに此の泡沫の如きものに憧憬《しょうけい》して目前の成敗のみを論ずる者が多いやうでは、国家の発達進歩も思ひやられる。宜しく左様な浮薄《ふはく》の考へは一掃し去り、社会に処して実質ある生活をするがよい。若し事の成敗の外に超然として立ち道理に則つて一身を終始するならば、成功失敗の如きはおろか、それ以上に価値ある一生を送ることが出来よう。

●他人の成功と自らの境遇を比べても意味はない

人間が、失敗したくない、成功したい、という気持ちや意欲を持つのは当たり前のことです。人生において、何かを成し遂げて成功したいという意欲の集積があったからこそ、人間は古代から文明や社会を築けたのです。

ただ、成功という目標を達成したとしても、そこが終わりではありません。人生は続きます。

ふたを開けた後に、泡沫がはじけるのも当たり前のことです。しかし、常に仕込むという意欲を持ち続けなければ、いずれ泡沫は止んでしまいます。

そもそも「はじける泡沫」は自分の日常生活とは全く無縁と感じて、他人のバブリーな鮮やかさが気に障《さわ》る人もいるかもしれません。そうなると自分の意欲が湧き上がるどころか、あきらめや妬《ねた》みへと気が抜けてしまうかもしれません。

けれども、他人と自分を見比べることが、栄一が提唱しているような「価値多き生涯」を送ることにつながるのでしょうか。

同じ美術品を眺めて「価値がある」と感じる人もいれば、「価値がない」と感じる人もいるように、「価値」は絶対的な、同質的な存在ではありません。それぞれが大切に思うそれぞれの「価値」があります。まさに栄一が指摘するように「価値多き」ものが人の一生です。

そういう意味では、どんな人であっても、価値がない生涯などはないはずです。

三、成功失敗は人の標準ではない

成功不成功は
必ずしも人間行為の標準ではない

現在社会から解釈されて居る成功の意味は、唯自分の資産を増大に成し遂げるといふだけのことで、其の手段が合理的であつたか、其の経路が正当であつたか、そんなことなぞには一切お構ひなしといふ風である。

成功不成功は必ずしも人間行為の標準ではなく、人間として一時も忘る丶能《あた》はざる所のものは却て行為の善悪にある。故に人道を踏外して成功の地位に達してもそれは極めて価値の少《すくな》いもので、人間の仲間に歯することすらも恥とする位なものであらうと思ふ。

●人道を守って歩む道にこそ価値がある

「資産の増大」は結果です。栄一の時代の「現在」でも、我々の今の「現在」でも、「資産の増大」という結果によって成功を判断する傾向がありま す。

それは「資産の増大」は「見える化」が簡単だからです。多ければ、成功。少なければ、失敗。わかりやすい基準です。

また、取り組んでいる手段や経路の評価も、結果で決まる場合が多いものです。結果がなかなか出ないと、手段や経路が失敗したと判断され、代替案が試されます。

これはＰＤＣＡ（Plan, Do, Check, Action）を回して、Check で成果が計測できなければ、次の Action を改めるという考え方です。

ただ、成果が計測できない手段や経路は無意味だったのでしょうか。

成功不成功を判断するのは「行為の善意にある」と栄一は唱えます。「行為の善意」とは、人間だからこそ出来ること、あるいは、やるべきことを意味していると言っていいでしょう。

成功したから自分が歩んでいる道に価値があるということではなく、そもそも自分が歩んでいる道に価値があるのです。栄一の言うように「人道を踏外して成功の地位を達してもそれは極めて価値の少いもの」なのではないでしょうか。

思い込みかもしれません。しかし、このような思い込みを持てることが、「余が処世」、人生の成功の標準といえるのではないでしょうか。

四、真正の富

真正の富といふものは、
強い信念と厚い徳義に依らなければ
永遠に維持することは出来難い

真正の富といふものは、強い信念と厚い徳義に依らなければ永遠に維持することは出来難い。勿論富も地位もその人の活動如何《いかん》に依つては一時的に得られるけれども、之を永久に持続しようとするには強い信念、厚い徳義といふものを根本思想として置かなければ、その間に種々の物我が起り邪路に入り易いから、永遠に強固に保持することは出来なくなるのである。

一の注意を要すべきことは社会に於ける貧富の懸隔《けんかく》である。此の貧富懸隔の結果は、経世家が最も憂慮すべき悪い意義の社会主義を勃発《ぼっぱっ》させせることになり行くのである。

●「真正の富」は信念と徳義によって維持される

どのような社会であれば「真正の富」が可能になるのでしょうか。そもそも「真正の富」とはどのような富なのでしょうか。

栄一の言葉を読み解くと、「真正の富」とは一時的に得られるものではなく、永遠に維持できる富のことです。永遠に維持できる富とは、自分という存在を超えられる富です。次世代や社会へつなげることができる富です。

この「真正の富」を永遠に維持するには社会に生じている格差を是正することが必要だと栄一は説いています。これを今風に言えば、インクルージョン（包括性）という概念になります。

近年、先進国の政府が実施した超低金利の金融緩和政策には、経済を支える効果がもちろんありました。ただ、結果的には、一部に富が集中するような状態を招いたことも否定できず、インクルーシブな経済成長へとつながったとは必ずしも言えません。

経済的インクルージョンが乏しい世の中の状態を放置することは、栄一が警告するように不安定要素のリスクを高めてしまいます。現代社会を俯瞰《ふかん》しても、「社会に於ける貧富の懸隔」はポピュリズム、反グローバリズム、そして、極端な場合、テロリズムまで招いています。

「強い信念と厚い徳義」によって社会的にインクルーシブな「真正の富」を推進するということは、他人事《ひとごと》ではありません。

五、人生の希望

人生の希望は慰安を得んが為であると解釈し、慰安を得て人生に於ける一切のものと差引せんとする者もある。けれどもそれは大なる誤解であらう

動もすれば人或《あるい》は人生の希望は慰安《いあん》を得んが為であると解釈し、慰安を得て人生に於ける一切のものと差引せんとする者もある。けれどもそれは大なる誤解であらう。思ふに人生の目的・希望は別にあることで、それを達すべく活動する間に慰安の必要を感じて来るまでである。それ故《ゆえ》慰安を得るには足るを知り分を守るがよいとはいへそれは人生の目的に対してまでに言ふ言葉ではなく、左様観念して一時の慰安を得ようといふまでである。

●慰安は人生の目的ではなく、未来の希望を育む手段である

慰安とは労をねぎらうこと。仕事を日々繰り返している生活の中、ほっと息をつく時間と空間です。慰安はコンフォート・ゾーン、すなわち自分が快適で安心と感じる領域です。

しかし、慰安とは仕事のご褒美《ほうび》ではないと思います。また、栄一が指摘するように、慰安を得ることに満足する人生に本当の豊かさを実感できるのでしょうか。

コンフォートを求めることは人間の本能です。悪いことではなく、後ろめたさを感じる必要もありません。ただ、やはり、人生の目的や希望とは別のところにあるのではないでしょうか。

多くの日本人は変化に消極的です。自分のコンフォート・ゾーンの内側に

留まりたい、変化したくないという気持ちが一般的です。

ただ、何も変化がないことが、本当に人生の希望になるのでしょうか。やはり、自分の人生の希望には自己実現や成長したいという気持ちを掲げたいものです。自分の希望を失ったとき、人生の目的も失うケースが少なくありません。

ほっと息抜きすることは、自分の日々の気持ちをリセットするために意味のあることです。しかし、大切なのは、そのリセットによって、新たなひらめき、新たな希望が生じる可能性を高めることです。だから、コンフォートとは人生の目的ではなく、手段でなくてはならないのです。

六、考えている暇なく決行

成敗得失を考へて居る暇なく、猛然としてこれを決行するが勇である

孔子が勇を愛せられたといふことは、論語中の毎章を通じてこれを想見するに苦まぬ所であるが、併《しか》し仁義なぞとは少しく違ひ、善と見れば進んで為すに躊躇《ちゅうちょ》せぬ気合を勇と名づけたことであらうと思ふ。即ち是なりと認むる所に向うては、必ずしも其の成敗得失《せいばいとくしつ》を考へて居る暇なく、猛然としてこれを決行するが勇である。

併し乍《なが》ら自己の腕力を恃《たの》みて謂《いわ》れなく人を打つとか、又は何事も喧嘩仕掛けにやるといふことは真の勇気ではなく、所謂匹《ひっ》夫《ぷ》の勇《ゆう》といふことになつて仕舞《しま》ふ。

●「やりたい・やりたくない」を判断基準にして行動する

「できる・できない」を行動の判断基準にするのが世の中では一般的です。それも、「できる」という成功を求めているから「やる」ではなく、「どうせできない」という失敗を恐れ、結果的に「やらない」ことに陥る場合が少なくありません。

しかし、判断基準を「やりたい・やりたくない」に置き換えたらどうなるでしょう。

「やりたい」ことに情熱を持つ、ワクワクする。そうすれば「できない」ことが、いずれ「できる」かもしれません。

一方、「やりたくない」ことが「できない」ことは気になりませんし、「やりたくない」ことが「できた」としてもうれしくありません。

栄一が示す「勇」とは、「やりたい」という心に忠実な行いを躊躇なくやること。そのような行動に自分を駆り立てるものが「善」である――このような解釈ができるのではないでしょうか。

もちろん周囲にお構いなしでやりたい放題することは相手に喧嘩を売ることになりますので、本来の「勇」にはなりません。それは「匹夫の勇」といわれるような血気に逸《はや》ったつまらない勇気です。

ただ、「やりたい」というワクワクする気持ちを抑制しないことは大切で、これが、勇気の養い方でしょう。

七、なるようにしかならない

人間界のことは
如何に心配したからとて
成る様にしかならぬもの

自分は唯《た》だ自己の徳義心に訴《うった》へ、而《しこう》してこれは人間として守る可《べ》き本分であるとの自覚から、其の事の大小に拘《かかわ》らず人物の上下を問はず、自分の向《むこ》ふに立つ者に対しては、満身の誠意を注入してこれに接する訳である。

人間界のことは如何に心配したからとて成る様にしかならぬものであるから、無意味の心配は何の役にも立たぬ。それよりも尽すだけの事を尽し、それから先は安心して天命に任せて置く方が上分別《じょうふんべつ》である。人間の安住は「仁《じん》」の一字に帰着《きちゃく》する。

●結果を気にせず出来るだけのことを精一杯やる

人間関係はややこしいものです。国、文化、宗教の間ではそれぞれのエゴが衝突して、常に問題が生じます。同じ国や文化圏の中でも仕事で人間関係がこじれることは日常ですし、同じ家族の中でも親子や兄弟が喧嘩することもしばしばです。

ほとんどの場合、それぞれが自己の主張を譲らないことが原因となっています。自分から見える視点はわかりやすいのですが、相手から見える視点はわかりません。

よって、相手から見える視点を想像するしかないのですが、自己主張のスイッチが入っているときには、視野が狭まり、想像することを回避してしまいがちです。

相手は自分の考えを全く受け入れるような姿勢を見せていない。ならば、こちらも相手の考えを受け入れる必要はない。このように、自分が取っているスタンスを正当化します。相手も譲りません。

本当に、色々な不安やストレスが多い世の中です。しかし、栄一が指摘するように、何の心配もなく落ち着くためには、「仁」が必要です。相手の気持ちや視点を想像するチカラです。

そのチカラを活用しながら、無意味な心配はせず、自分が出来るだけのことを精一杯やって、その後は「なるようにしかならない」と自分自身に暗示をかけて、結果は天に任せてしまう。これが人生成功のヒントと言っていいでしょう。

八、小を積んで大になる

総て小が積んで
大となる

始めは些細《ささい》の事業であると思ったことが、一歩一歩に進んで大弊害を醸《かも》すに至ることもあれば、それがため一身一家の幸福となるに至ることもある。これ等は総て小が積んで大となるのである。

斯《か》く観じ来《きた》れば、世の中に大事《だいじ》とか小事《しょうじ》とかいふものは無い道理。

●大きな成功は小さなチャレンジを積み重ねた結果である

大きな山火事がタバコの吸い殻のポイ捨てから始まることもあるように、大問題となっていることも当初は小さいところから始まっている場合が少なくありません。

夫婦の決別、仕事関係の仲間割れ。これらも日々の中で聞く耳を持ったり、一言の声がけをしたりするなど、小さなコミュニケーションを疎かにしたことが原因です。

些細なことかもしれませんが、小さな積み重ねであっても、それは時間と連動して大きく積み重なっていきます。

失った時間は取り戻せません。

気づかないうちに、小さな積み重ねが肥大化すると、なかなか元へ動かすことができなくなります。

また、大きなことを成し遂げるためには時に非連続的な飛躍があります。ただ、その飛躍を支えている土台はこつこつと日々積み重ねている行いや経験です。

毎日毎日の小さなチャレンジで自分自身のコンフォート・ゾーンである安全・快適な「枠」の内側から外側へと一歩一歩と踏み出すこと。この繰り返しが習慣となっていれば、自分の視野は広がり、世界が大きくなっていることに、いずれ気づくでしょう。

第二章

智・情・意の具わった人間を目指す

――自分の生き様

九、完全の常識

「智」、「情」、「意」の三者が
各〻権衡を保ち
平等に発達したものが
完全の常識だらう

社会が発達して、何事も一定の秩序を以て進む世の中にては、殊に常識の発達した人が必要になつて来た。即ち事に当りて奇矯《ききょう》に馳《は》せず、頑固に陥らず、是非善悪を見分け、利害得失を識別し、言語挙動すべて中庸《ちゅうよう》に適《かな》ふ者がそれである。これを学理的に解釈すれば「智」、「情」、「意」の三者が各〻、権衡《けんこう》を保ち平等に発達したものが完全の常識だらうと考へる。

「智慧《ちえ》」と「情愛」と「意志」との三者が有《あ》つてこそ人間社会の活動も出来、物に接触して能《よ》く効能をも現はしてゆけるものである。

●「智」「情」「意」のバランスを保ちながら成長する

生き様とは、命を与えられた私たち一人ひとりが歩むべき道です。その道とは、それぞれの自己実現によって歩む独自のものですが、人間は一人で生きていける存在ではありません。他と共に歩む道でもあります。場を変えても、時を変えても普遍的な人の道。それが、常識です。

では、常識とは何によってもたらされるものでしょうか。栄一は「智」「情」「意」のバランス感を保ちながら向上させることが常識である、と考えました。

つまり、一定のレベルの知恵や知識を保つことだけが常識ではない。それほど知恵や知識があるのであれば、それを世の中で活用するべきなのです。自分で何か成し遂げたいという情熱。誰かに手を差し伸べたいという情愛。

これで、事が動き始めるのです。

ただ、情が働くことだけでは、流されやすい状態になります。だから、自分の心の碇《いかり》の役割を果たす意志が必要なのです。

しかしながら、意志だけが突出して強すぎれば頑固になりがちですから、また、これも良くない。

あくまでも、智・情・意のバランスに努め、且《か》つ、成長し続ける。その弛《たゆ》まぬ実践こそが大切で、人の普遍的な生き様になるのです。

十、道理とは踏むべき筋目

「道理とは人間の踏み行ふべき筋目」といふ意味になる

「道理とは人間の踏み行ふべき筋目《ふしめ》」といふ意味になる。故に人間は万事万般《ばんじばんぱん》の行ひを此の道理に当嵌《あては》め、これに適応するや否やを判断し決定するが最も緊要《きんよう》のことである。のみならず、而も亦それが処世上に於ける唯一の方法であらうと思ふ。

●道理は生活の安泰と幸福を開く大切なカギ

「筋目」とは、面と面とが交わった線です。私たちの日常生活で接する様々な人々を「面」と考えれば、確かに私たちは毎日、その線を踏んでいます。

そんなとき、「道理」が不可欠であると栄一は教えてくれます。

この道理とは、あらゆる方面、すべての事柄に通じるもので、時代を超える、東西を超える、普遍性があります。つまり、道理とは人間としての常識なのです。

常識とは、「智」「情」「意」のバランスであると栄一は教えてくれましたが、もっと平たく表現すれば、常識とは「人として当たり前のこと」です。

日常生活において他の人々と交わるのは当たり前のことです。その当たり前のことにあたって、「人として当たり前のこと」を当たり前のようにすること。それが、道理でありましょう。

ただ、この世の中では、この当たり前のことができていない場合が多いのです。相手や周囲の状況をよく把握していないのに、強情になり、自律の精神が欠けてしまう。その結果、それがトラブルに発展してしまう。

そういうことはニュースで流れてくる痛ましい事件を見ても、職場の日常でも、よくあることです。

そういう意味では、道理がいかに私たちの生活の安泰と幸福を開く大切なカギになっているかがわかります。「それが処世上に於ける唯一の方法であらう」と栄一は言うのです。

十一、正しい道理は主張すべき

道理正しき所に向うては
飽くまでも自己の主張を通してよい

論語にも明かに権利思想の含まれて居ることは、孔子が「仁に当っては師に譲らず」といった一句、これを証して余りあることと思ふ。道理正しき所に向うては飽くまでも自己の主張を通してよい。師は尊敬すべき人であるが、仁に対しては其の師にすら譲らなくもよいとの一語中には、権利概念が躍如として居るではないか。

●常に相手の立場に立て考えて行動することが「仁」というもの

親子・師弟など上下関係を重視する儒教は秩序を要求する思想なので社会変革を束縛する弊害がある、という意見もあります。確かに、社会の安定剤としては有効的かもしれませんが、新陳代謝《しんちんたいしゃ》を招き、新しい時代を拓く必要がある社会にはそぐわない側面もありそうです。

ただ、「仁」については例外であると孔子は説いています。これは、「仁」「義」「礼」「智」「信」という五徳のうち、「仁」が最も難しい徳であると言われているからでしょう。

「仁」も「恕《じょ》」も「思いやり」と日常用語的に訳されますが、「恕」とは「自分がやってほしいことを、相手にやる思いやり。自分がやってほしくないことを相手にやらないという思いやり」です。

一方、「仁」は、「相手がやってほしいことをやる思いやり。相手がやってほしくないことをやらない思いやり」です。

しかし、自分は相手ではありません。相手の真の気持ちが実際にはわからないのです。だからこそ、「仁」が五徳の中で最も難しい徳になるのでしょう。

そういう意味では、栄一が指摘する自己の主張を通すために必要な「道理」とは、自分勝手な行動を取るということではありません。常に、想像力を活かし、相手の立場に立って考えて行動せよという教えが含まれているということが行間から読み取れると思います。

十二、智を活かさない学問は宝の持ち腐れ

善悪是非の識別が出来ぬ人や
利害得失の鑑定に欠けた人（の）
学問は宝の持ち腐れに終つてしまふ

人として智慧が十分に進んで居らねば、物を識別する能力に不足を来すのであるが、此の物の善悪是非の識別が出来ぬ人や利害得失の鑑定《かんてい》に欠けた人であるとすれば、其の人に如何程《いかほど》学識があっても、善いことを善いと認めたり利あることを利ありと見分けをしてそれに就くわけにゆかぬから、左様いふ人の学問は宝の持ち腐れに終ってしまふ。

●自らの思考や行動を客観化する「メタ認知」の視点を持つ

学問とは人類が古代から蓄積した知見を身に付けることであり、人生の重要な基礎づくりです。

ただ、今までの知識だけに留まるようでは、これからの展開の門を拓く宝物になる知恵につながることはないと栄一は注意しています。

物事を分析する能力は重要です。しかし、前例に基づいた形式的な「正しい答え」、あるいは組織的に「通りやすい解」が、必ずしも最適な判断ではないという意味も、栄一の言葉は含んでいるでしょう。

判断が問われている事項の良し悪し、損益の本質をつかむことが重要なのですが、かなり難しいことです。なぜなら、人は主観的に物事を判断するからです。

学問から得た知識は客観的であると思われがちですが、その知識を知恵として活用するのは人間です。客観的な分析に基づいていると思い込んでも、そもそも思い込んでいることが主観的な証《あかし》です。

過去の知識を、これからの展開の知恵として活用するには、メタ認知という視点を修養することが必要でしょう。これは、自分自身を認識する場合において、自分の思考や行動を客観的に把握する能力です。

この能力を身に付けることにより、主観的な視点だけでは見え難い良し悪しや利の本質の「見える化」へとつながるのではないでしょうか。学問を「宝の持ち腐れ」に終わらせないために求められる視点です。

十三、情は円満な解決を告げる緩和剤

情は一の緩和剤で、
何事も此の一味の調合に依つて平均を保ち、
人生のことに総て円満なる解決を告げてゆける

「情」といふものを巧に案排《あんばい》しなければ、智の能力をして充分に発揮せしむることが出来ないのである。

徒らに智ばかり勝つて情愛の薄い人間はどんなものであらうか。自己の利益を図らんとする為には他人を突《つき》飛ばしても蹴倒しても一向頓着《とんちゃく》しない。

情は一の緩和剤で、何事も此の一味の調合に依つて平均を保ち、人生のことに総て円満なる解決を告げてゆけるものである。

●知識や知恵を活かすためには情が欠かせない

「知識」は基礎であり、「知恵」はこれからの展開を可能とする宝物です。この宝物は使うために存在しているものですが、自分だけが保有して自分だけが使うものではないと栄一は説いています。

お互いがお互いを突き飛ばして、蹴落とす自分勝手な行動が常識になるようでは、ギスギスとした暮らし難い社会になってしまいます。

もちろん競争が悪いわけではありません。むしろ栄一は競争精神の必要性を色々なところで訴えています。

ただ、その競争がフェアプレイであること、それぞれの気持ちを尊重する情の姿勢があることが重要です。栄一が指摘するように、お互いの気持ちを尊重することが平常な状態を保つことへとつながるでしょう。異常な状態は居心地がよい状態ではありません。

人と人の間の関係で情を活かし、円満であるからこそ、人間は多様な文化や社会を築くことができました。情なき人間社会は、内外の衝突が絶えることなく、いずれ単一的な勝者しか残らない世の中になるでしょう。

しかし、単一的な社会は硬直した社会であり、案外壊れやすくなります。多様性に寛容な情ある社会であるからこそ、しなやかな社会となり、持続の可能性が高まるのです。

十四、意は精神作用の本源

意は精神作用中の本源である

動き易い情を控制《こうせい》するものは鞏固《きょうこ》なる意志より外にはない。然り矣、意は精神作用中の本源である。

けれども徒らに意志ばかり強くてこれに他の情も智も伴はなければ、唯ゝ頑固者とか強情者とかいふ人物となり、不理窟に自信ばかり強くて、自己の主張が間違つて居てもそれを矯正しようとはせず何処迄も我を押し通す。

現代の人は能く口癖のやうに意志を強く持てといふが、意志ばかり鞏《つよ》くても矢張困り者で、俗にいふ「猪《いのしし》武者」の様なものになつては如何に意志が強くても社会に余り有用の人物とは云へない。

●強固な意志は成功に不可決であるが、それだけでは社会は渡れない

「情」という緩和剤は、人と人の関係を維持するには不可欠である一方、「情」に溢れるだけでは流されやすくなります。潮の流れに身を任すだけでは自分の目的地に到着することはできません。

したがって、「意」という舵が人生の航海では不可欠です。様々な困難な状況に陥っても、やり通す、成し遂げるという意は、まさに精神力の本源であります。意なき状態では、成功はありえないでしょう。

ただただ周囲の様子を伺い、自分の主張を示すことない組織風土は、潜んでいる課題発見力が劣っています。異論なき企業は持続的な価値創造は不可能でしょう。

ただ、潮の流れや風向きを読む力も必要です。自分が向かっている方向を

把握するためのコンパスも必要です。また、船が進んでいる航路に氷山など大きな障害物が対峙《たいじ》しないようにする見張りと緊急回避する舵取りも必要です。意という舵だけでは大きな災難を招く可能性があります。

そういう意味で、「智」なき、「情」なきの「意」は困った存在です。一人が見える視点（智）は限られているのにも拘らず、その自分の視点だけが正しいという主張（意）を通し続ける状態が続けば、方向感覚を失い、航海は不可能になります。

やはり人間には智・情・意のバランスが必要です。

十五、言を忠信、行を篤敬

言を忠信にし、
行を篤敬にするより
外に道は無い

人として世に存在してゆく以上は、唯一人にて何事を為《な》さうとしても不可能で、百事に触れ万人に接するに依つて、初めて幾多の仕事も起つて来るし、人間としての目的を達することも出来るのである。して見れば何人に依らず世に処し人に接するには、個人を本位とせず、世と調和し、他と調和する様に心掛けねばならぬ。それには言を忠信にし、行を篤敬《とっけい》にするより外に道は無いのである。

●いつも平静な気持ちを保つための秘訣

たった一人で仕事をなすことや生活をすることは不可能です。人間とは「人」の「間」。他の人との関係があるからこそ、日常の生活が可能となり、社会が成り立っています。そして、社会が成り立っているからこそ、自分の日常の生活があります。

もちろん、朝の通勤ラッシュに巻き込まれているとき、仕事に追い込まれているとき、夫婦関係に行き違いがあるとき、他人のことなどを考えられる気持ちの余裕がないかもしれません。

そんなとき、私たちは無言になり、相手の存在を意識から消す、あるいは逆に感情を制御できなくて言うべきではないことを口にしてしまうかもしれません。

でも、そんなことをしても、気持ちが晴れるわけもなく、かえって嫌気が自分の中で重く増殖してしまうだけです。

そういうときには、まず、「あ、自分は苛立《いらだ》っている」という気持ちを相手ではなく自分自身に向けて、自分の呼吸に意識を集中して、整える。そして、栄一の言葉を思い出すとよいかもしれません。

「言は忠信にし、行を篤敬にする」

自分の言葉は自身の心を表すものなので、まごころを尽くして、真実を語ることが何よりも大切。自分の行いは相手へ向けるものなので、人情に厚く、つつしみ深くすることです。

十六、悪は必ず改め、善は必ず行う

平素悪は必ず改め、
善は必ず行ふの
心掛が必要である

人の性として多くの場合非を知りてこれを改めるものではあるが、或る場合には、意志の強過ぎる為に非も過も其のまゝに押し通すことがある。

非であるなら速に善に改め、過と認めたなら即座にこれを正して本然の性に引直す意志の力であつてこそ、始めて克己心に取つて大切なものとなるのである。

然《しか》らば克己心は如何にして養ふべきか。言ふ迄もなく、これは日常の注意に俟《ま》つより外はない。即ち平素悪は必ず改め、善は必ず行ふの心掛《こころがけ》が必要である。

●克己心を養うために大切な日常の心がけ

人間は自分を取り巻く状況を把握する認知力に長《た》けており、常に行動を改めることを実現できたので、社会を築くことに成功しました。栄一が指摘するように過ちから学び、改めることができることが人の性です。

ただ、イノベーションなど事を成し遂げる意志は不可欠であるものの、意志が強すぎると視野が狭められ、本来であれば見えるものが見えなくなってしまう可能性が高まります。

人の性を活かすためには、真なる意志の力が必要であり、その真なる意志の力とは自分自身に克《か》つ力です。つまり、本来の力を発揮できないのは相手が原因ではなく、自分自身が原因であるという気づきです。

周囲に気を配るも意志が足りなくて禍を招いたのも自分が原因、周囲に構わず意志を押し通して禍を招いたのも自分自身です。

団体行動が常識の日本社会や組織では、この意の表現が疎かになる傾向があるかもしれません。外国からは日本組織の意思決定の過程がわかり難いという嘆きが少なくありません。

その点で、栄一が指摘する、過ちは必ず改める意、よいことは必ず行う意。この日常の姿勢は、個人のみならず、組織にとっても大切な教訓です。

十七、立志の要

立志の要は能く己を知り、身の程を考へ、それに応じて適当なる方針を決定するといふ以外にない

立志の当初最も慎重に意を用ふるの必要がある。其の工夫としては、先づ自己の頭脳を冷静にし、然る後、自分の長所とする所、短所とする所を精細に比較考察し、其の最も長ずる所に向うて志を定めるがよい。

立志の要は能く己を知り、身の程を考へ、それに応じて適当なる方針を決定するといふ以外にないのであるから、誰も能く其の程を計つて進むやうに心掛くるならば、人生の行路《こうろ》に於て間違の起る筈《はず》は万々無いことと信ずる。

●志を成し遂げるためには何が必要か

自分の人生で成し遂げたいことがある。その気持ちが立志です。

まず、立志のためには現状を把握することが不可欠です。また、あるべき姿を描くことも必要となります。そのためには、「智」のチカラが必要となるのです。

また、たった一人で立志しても、たった一人では何も成し遂げられません。他と共創する関係があるからこそ立志が達成できる。だから、「情」のチカラが必要なのです。

そして、もちろん立志を達成するためには「意」のチカラが不可欠です。ただ、「智」と「情」と比べて、この「意」を用いることが最も難しいチカラかもしれません。

なぜなら、「智」の対象のほとんどは自分から外の世界のことです。また「情」についていえば、「情愛」の対象も自分の外にいる相手です。そして、「情熱」は内面から湧き上がってくるものであり、無理をして抑制する必要のあるものではありません。

しかし、「意」は発揮するものでもあり、抑制するものでもあります。その点で「智」や「情」と比べるとハンドリングがややこしいのです。対象が「己」だからです。

この「意」をどのように扱えばいいのか。そのためには自分自身の長所・短所をメタ認識の視点で把握し、その長所と反することのない方向性を定める。ここに「意」のチカラを発揮するヒントがあることを栄一が示してくれています。

第三章

よき交際がよき人生を創る

——自分の家族

十八、子供があって親の務め

子供が有つて見れば
それ等の者に平和に円満にすることの
心掛を教へてやるは親の務である

仮令《たとい》自分は行状に欠点はあつたにせよ、現在家に数名の子供が有つて見ればそれ等の者に平和に円満にすることの心掛を教へてやるは親の務《つとめ》である。それ故余は家訓を作り、第一に処世接物の綱領《こうりょう》、第二に修身斉家《しゅうしんせいか》の要旨《ようし》、第三に子弟教育の方法を述べ、以て子孫をして其の履《ふ》む可き道を知らしめた。

●家訓は社会に出る子供たちへの大切な教えとなる

自分自身は完璧な人間ではありません。智が足りず、情が薄く、意が強すぎる。けれども、子供を持つ親として務めがあります。

それは、子供たちの「今日よりも、よい明日」を自ら築けるチカラを養うことです。

栄一は、それを「家訓」というカタチにして残していました（拙著『渋沢栄一　愛と勇気と資本主義』【日経ビジネス人文庫】で渋沢栄一の家訓の全項をご紹介しています）。

かつて渋沢家では、毎年の元日の同族会の挨拶で家訓が朗読されていたようですが、栄一の初孫《ういまご》である敬三（著者の祖父の長兄）が亡くなってから、同族会は開催されなくなったようです。

ただ、家族で家訓を読むことは年初の良い行事であると思いました。そういう思いから、我が家では私の上の子供が小学校に上がってから、家族で毎年の元日に家訓を一緒に作成して、またそれを改良する作業に努めています。家訓とは家の規則という次元のものだけではなく、どの家庭でも、どの国柄でも通じる普遍性があるコンテンツだと思います。

それが、人間社会で生きる子供たちにとって大切な教えになるからです。

十九、家庭の円満が最大の幸福

家庭の円満が
最大幸福の一たるは
言ふ迄もないことである

家庭の円満が最大幸福の一たるは言ふ迄もないことである。一家の内に於て夫婦相助け、老幼相睦《むつ》み、一年三百六十五日春風穀《こく》雨《う》和楽してゆけるならば、独り一家の幸福なるのみならず、美風良俗として大に世界に誇るに足るではないか。

才能や富や人からの尊敬なぞは何人でも得られるが、円満無欠の理想的家庭は中々及ばぬ所がある。従つてそれだけ尊いものである。だから家庭の幸福円満を希《ねが》ふ者は、よく〳〵心してかゝらねばならぬことであらう。

●「家族と仕事」をうまく両立させることが幸福の源

私の父が現役の時代では、父親の役目は「仕事」であり、母親の役目は「家庭」を守ることというのが通念でした。モーレツ・サラリーマンの繁栄期でしたから、男が仕事をすることが家庭の円満へとつながるという考えが当たり前とされていました。

父の時代がこのような状況でしたから、栄一が現役の時代では、このような考えが更に強かったと想像できます。ところが、栄一自身の言葉の行間からは今の時代でいうワーク・ライフ・バランスの考え方が読み取れます。やはり、家族の笑顔が一番です。父が現役の時代でもそうでしたし、栄一の時代でもそうだったのでしょう。

家庭が円満でなければ、なかなか仕事がはかどりません。「論語と算盤《そろばん》」

が両立するように、「家族と仕事」も両立するはずです。

仕事の場合は、ある意味で気持ちの整理がしやすいところがあります。思い通りに事が進まなくても、それは誰か他人のせいにできるからです。

しかし、子育ては違います。思い通りにいかないときに、「誰かのせい」にしようとしても、その対象は仕事のときのような他人ではなく、身内になります。だから気持ちの整理が難しいのです。

こうしたことから考えても、家庭の円満が最大の幸福へとつながることは言うまでもありません。

二十、最も大事なものは目立たない

一家の中、最も貴ぶべきは
床の掛物に非ず、甲冑武器の置物に非ず、
書籍巻物に非ず、屏風襖に非ず、
要は此の米櫃にある

一国の文明に於て、政治、外交、軍事、教育等が先《ま》づ何人の目にも入り易きに反し、商工業が一番遅く人の目に入るのは台所道具が客の目に入らぬと同じ道理で、これは致し方の無いことであると思ふ。

台所道具は一般に客の目を惹かぬに反し、米櫃《こめびつ》の如きは一家に於て最も必要とせらるゝ所のものに属し、若しも米櫃にして空乏《くうぼう》を告げんか。

されば一家の中、最も貴ぶべきは床《とこ》の掛物《かけもの》に非《あら》ず、甲冑《かっちゅう》武器の置物に非ず、書籍巻物に非ず、屏風襖《びょうぶふすま》に非ず、要は此の米櫃にあることを忘れてはならぬ。

●商人は「よい」お金儲けのロールモデルにならなくてはいけない

歴史の本では内政の対立や国と国の衝突に多くのページが割かれています。確かに栄一が指摘するように、テレビの歴史ドラマも武士や政《まつり》ごとをテーマとするものがほとんどで、商人が活躍するシーンは圧倒的に少ないと言えるでしょう。

国を上げることは目立つ行為ですが、お金儲けはそもそも目立つべきではないという価値観が一般的だからかもしれません。かっこよくない行為であるというわけです。

したがって、栄一が指摘するように商人の目的であるお金儲けは、家の生活を支える台所にあるお米の入れ物という目立たない存在に留《とど》めてあるのでしょう。

お金儲けを見せびらかす必要は全くありません。ただ、目立たない存在であるというのが残念なのは、「よい」お金儲けのロールモデルも見えないということです。

ロールモデルがなければ、常にお金儲けは「悪い」というレッテルが貼られてしまうでしょう。これは栄一が常に危惧していたことです。

皮肉なのは、普通の人が普通に働いているのは、お金儲けのためであることです。生計を立てるために、自分の大切な時間を切り取って、お金と換えている――そんな感覚を持った日本人が実は少なくないのではないかという気がしてなりません。

これも、とても残念なことです。働くことには、成長や自己実現など単にお金を得ること以上の大きな意味があることにも気づいてもらいたいと思います。

二一、よく働く、よく遊ぶ

大に働かせることが有る代りに、又大に遊ばせたり楽ませたりすることが無くてはならぬ余が今目して娯楽といふのは、彼の欧米人が「克く務め克く遊ぶ」というて居る、その「克く遊ぶ」といふ方を指したものである。

娯楽は何故に人世に取って大切なものであるかといふに、凡そ人間の精神にも体力にも一定の限度があるもので、決して百年不休にこれを働かし得るものでない、大《おおい》に働かせることが有る代りに、又大に遊ばせたり楽ませたりすることが無くてはならぬ。

●よく働くために休みや遊びの中から発見をする

日本人の一般的な価値観ですが、勉強や練習や仕事をしていることが望ましい姿であり、休んで遊ぶことは、勉強や練習や仕事との関わりが薄い、コミットメントが乏しいという感覚があります。

日本人は周囲の空気を読む慣習があるせいか、自分から進んで休むことをためらう傾向もあります。自分の意思では休めないので、日本は政府が採択した休日が世界でも多い国となっています。

栄一の指摘するように、よく働くために休む、遊ぶことも大切です。言うまでもなく、それは気持ちをリフレッシュさせる休養というだけではなく、日常に没頭している状態では気づくことができなかった側面を発見するきっかけづくりにもなります。

その点では、これからの〝モノづくりからコトづくりへ〟という時代の価値創造を行う上では不可欠な要素です。

よく働いて、よい成果を出す人は、よく休んで、よく遊ぶ。このような社会的、組織的常識をつくることが大事です。

これからの勉強や仕事は、高度成長時代の製造業ライン的な時間や量で価値判断する慣習を打破する必要があると思います。すでに時代は大きく変わっているのです。

質やアイデアで勝負することが、これからの時代では、特に先進国では不可欠なスキルセット（自分が有する知識や技術のこと）になります。そのためには、よく休んで、よく遊ぶべき！　なのです。

二三、無邪気は素直な性情

無邪気といふ言葉に
就て考へて見ると、
邪念のない率直な
天真爛漫の性情である

世の中を見渡すと、どうも智慧の勝れた人物には、無邪気の者が少いやうに思はれる。動もすれば智慧の力を借りて心にも無い意見を吐いて見たりして、何でも智慧で人を圧伏して見なければ、智者として将た学者としての本分が立たぬと考へて居るものが少くないらしい。

無邪気といふ言葉に就《つい》て考へて見ると、邪念のない率直な天《てん》真爛漫《しんらんまん》の性情である。痴呆とか愚鈍《ぐどん》とかいふ意味とは全然趣意を異にして居るので、彼は痴呆だ愚鈍だと云はれたら恥辱でもあらうが、無邪気だと呼ばれたとて其の中に誹謗《ひぼう》の分子は更に含まれ居らぬ筈である。

●無邪気さを表現できない会社に新しい価値創造はできない

幼い子供は無邪気です。自分がやりたい感情を口舌だけでなく、身体全身で示します。

ピュアな状態の子供が、しつけや教育を受ける過程のどこかで無邪気さが失われていきます。

あるいは、未だに持っている無邪気さを隠して、見せないように我慢しているうちに大人になっていくのかもしれません。

自分の「やりたいこと」「やれないこと」が行動指針にならず、「できること」「できないこと」の軸で事を判断する傾向が知らず知らずのうちに自分の習慣となっています。それが、「大人になること」と思っている日本人が少なくありません。

正しい答えを出すこと。正しくない答えを出さないこと。これを繰り返していくうちに、どんどん視野が狭まってしまいます。同時に、固定概念の壁が立ちはだかっていきます。

無邪気に自分が「やりたいこと」に忠実にならなければ、それは長続きしないか、自分のモノにならない時間の無駄になるでしょう。無邪気を仕事で表現できないような会社は、これからの時代で新しい価値を創造する可能性は乏しいでしょう。無邪気なき会社には成功もないのです。

アップル創業者のスティーブ・ジョブズの名言である〝Stay Hungry, Stay Foolish〟の〝Stay Foolish〟とは、「阿呆になれ」という意味ではありません。「無邪気のままで」という意味なのです。

二三、悪事ではない反抗

禍を覆して福と為し、
悪を改めて善と為すことが出来たとすれば、
反抗決して悪事ではない

一家の従僕として其の主家の無道、家法の不公平に対し、正当なる道理によりて反抗をした為に、禍を覆《くつがえ》して福と為し、悪を改めて善と為すことが出来たとすれば、反抗決して悪事ではない。

法の上から論ずる時は、長上の命令は絶対的に服従しなければならぬが、情の方から云ふ時は、仮令長上の命令でも、道理に背《そむ》きたることならば、これに反抗しなければならぬこともある。

反抗には法と情との合理的の差別が大切で、此の差別を誤るときは反抗の価値を失するのである。

●子供の反抗に直面したときに親の考えるべきこと

子供が育つ過程で親は絶対的な存在です。衣食住を与えてくれるだけではなく、保護者として子供から禍を遠ざけ、良い経験の可能性を導いてくれます。子供は親から悪いことをしないよう注意され、善いことをするよう促されます。

親は幼い子供より人生経験が豊富なので、このような関係は当たり前のことです。

そして、いずれ子供も成長し、行動範囲が広まり、自身の価値観や世界観を持つようになります。そのときに絶対的な存在である親の存在が窮屈になる場合もあるでしょう。

長年、子供に対して何が正しいか正しくないかを定めていたのが親ですから、子供の反抗には戸惑います。

ただ、親とて完璧な人間ではありません。親も人間ですから、子供に対して感情的になるときもあります。

自分自身が親になってから特にわかることですが、絶対的な存在どころか、子育てについて常に迷いながら試行錯誤《しこうさくご》してきたというのが現実です。

子供の反抗に直面した時、親は自分の経験や価値観を子供たちに押し付けようとするのではなく、社会が定めている法律などに反することでない限り、「反抗は子供の自尊心の芽生えである」と考えてはどうでしょう。そうすると気持ちが和らぐかもしれません。

賢人が言うように、子供は親のモノではない。天からの預かりものなのですから。

二四、眼前の些事より真の成功を目指せ

唯眼前の些事小節に意を労するなく、
心を大局に注いで
真の成功者たることを
心掛けられ度い

目的を達するに於ては手段を択《えら》ばずなぞと、成功といふ意義を誤解し、何をしても富を積み地位を得られさへすればそれが成功であると心得て居る者もあるが、余は左様の説には絶対に左袒《さたん》することができない。

社会の風波の及ばぬ学校生活をして居た青年諸君が始めて社会に立つた時は、学窓時代の理想と相反するかと思はれる幾多の出来事に一時は遭遇するであらうが、遼遠《りょうえん》なる前途《ぜんと》を有する諸君は唯眼前の些事小節《さじしょうせつ》に意を労するなく、心を大局に注いで真の成功者たることを心掛けられ度《た》い。

●成長の定義が変わり、求められる教育も変わっている

入試試験という「正しい答えを出す」、あるいは「正しくない答えを出さない」ことだけの結果によって進学するというのが日本の教育の基本的なあり方です。

高度成長期に基づいた製造プロセス的な価値創造で日本が豊かになれた時代では、そのような画一的な人材を輩出する教育でもよかったのかもしれません。

社会人になったら、会社に指示されたことをただやれば、自分の生活の向上は保障されていました。個人が組織や集団の中に溶け込んで、意識的に個の特長を出すことのない状態でも、何も問題がなかった時代です。

ところが、現在の「社会の風波」は異なっています。世界は成長し続けて

いる一方、成熟期に入った日本では必要な成長とは何かが問われています。それは、単純に人が増えて、モノが増える成長を再現させるのか。それとも、精神的、文化的な要素を含むコトを重視する成長なのか。国の金融や財政の経済政策の側面でも、かつての時代の「理想と相反」することが起こっています。

問題に解答するだけの教育ではなく、栄一が勧めるように「心を対極に注いで」問題提議する教育がますます重要になっています。

二五、小事かえって大事なり

小事却て大事となり、
大事案外小事となる

得意時代だからとて気をゆるさず、失意の時だからとて落胆せず、常操を以て道理を踏み通す様に心掛けて出ることが肝要である。

失意時代なら小事も尚能く心するものであるが、多くの人の得意時代に於ける思慮は全くそれと反し、「なにこれしきのこと」と云ったやうに小事に対しては殊に軽侮的の態度を取り勝ちである。

小事却て大事となり、大事案外小事となる場合もあるから、大小に拘らず、其の性質をよく考慮して、然る後に相当の所置に出るやうに心掛くるがよいのである。

●大小ではなく、本質によって判断する

得意になることは悪いことではありません。自分が成し遂げた功績で自信を持てば、次の行動へつながります。

しかしながら、確かに栄一が注意を示すように得意になっているときに落とし穴に落ちることもあります。大きな問題に展開する可能性がある事項でも、過信によって視野が逆に狭まり、小さな問題にしか見えないことがあるのです。

小さな段階であれば簡単に回避できた問題が、大きくなってしまうと収拾がつかない展開になってしまうかもしれません。

逆に、小さな段階できちんと対応しなければ、大切な機会を逃してしまうかもしれません。

大きなことは目を引きますが、大きなことは最初から大きいわけでなく、最初は小さな予兆から始まります。

したがって、栄一が指摘するように、大小を判断材料にするのではなく、本質を見出して適切に行動する力が重要なのです。認知力と行動力が必要なのです。

多くの場合、この認知力が衰えるのは、案外、自分の身内同士でいるときです。わかってくれているだろうと言葉に表さなかった「得意」が、心外にも「失意」になってしまうケースが少なくありません。

でも、そうなった時にも落胆はしないように。家族ですから、遠慮せずにコミュニケーションをとるようにしましょう。

二六、心にもないことは言わない

一度口にして言ふ以上は、
必ず心にもないことは言はぬ

　言語はもと人と人との間に意志を通ぜんが為の必要に依つて起つたものであるから、一時もこれが無かつたら人生の用事は弁じない。けれどもそれだけ有用なものであると同時に又一面に於ては大に禍の因ともなるものであるから、平素よくこの間の識別に注意し、有用な言語は充分に吐くがよいが、妄語《もうご》は何処迄も慎まねばならぬことである。

　余は一度口にして言ふ以上は、必ず心にもないことは言はぬといふ主義である。

●言葉を役立てるために必要な心がけ

「空気を読む」や「忖度《そんたく》」などの言葉があるように、日本人は非言語のコミュニケーションに長けている民族です。

また、余計なことを言うと余計なことを被《こうむ》る。あるいは、言うことが受け入れてもらえないと恥ずかしい。そんなことを想像して、口をつぐむ場合が多いようです。

国際会議で「日本人に話させること（そして、インド人に話させないこと）は難しい」というジョークにもなっているほどで、日本人の口の重さは国民性とも見られています。

夫婦関係などでも、ちゃんと意思伝達ができていると思っていると、それが相当なる勘違いであったということを後から指摘されることもしばしばあります。

言葉は人と人が共に用事をなすためにできたもので、それが社会の共創へとつながりました。栄一が指摘するように、口を開いたために人間は福を招いたのです。しかし一面では、それが「禍の因《もと》ともなる」こともあります。

したがって、栄一が言うように「識別に注意」して「有用な言葉」を口にするように努めることが大事なのです。言うは易く、行うは難《かた》しですが、この栄一の指摘は言葉の使い方のヒントも示してくれます。

本当に自分が思っていることしか言わない。

言っていることと行うことが一致している。

それが大事なのです。

二七、真正な交際

真実に交り、言々句々、一挙一動、総て自分の衷心から出るといふのが真正の交際であらう

余の思惟《しい》しつゝ、ある交際の要旨は、事に当つては切実に考へることと人に対しては聊《いささか》も誠意を欠いてはならぬといふ点にある。即ち精神を専らにし、相手の貴賤《きせん》上下に拘らず、如何なる階級の人に向うても真実に交り、言々句々《げんげんくく》、一挙一動、総て自分の衷心《ちゅうしん》から出るといふのが真正《しんせい》の交際であらうと考へる。

●人と交わり価値を共創するところに人生の意味がある

日本語には敬語というものがあります。相手の社会的、組織的な身分の関係によって態度を表す言語表現が複雑に体系化されているのです。

敬語に象徴されるように、先輩が後輩に取る態度から元請け企業が下請け企業に取る態度まで、日本は外面的な「階級」の上下関係が根付いている社会です。

ある意味で、日本人の交際感覚は相手の外面的な要素や身分で決まってしまうのです。だから、栄一が提唱するような誠意を欠くことのない「真正な交際」は余程意識しない限り、難しいかもしれません。

ただ、生まれる環境や状況はそれぞれ異なりますが、人間は全て裸でこの世に誕生します。そして、その瞬間、確実に定められていることは、たった一つだけ。いずれ、この世を去ることです。

その限られた時間の間である私たちの人生に意味があると感じられるのは、他の人たちと交わり、共に何かの価値を創ることができているときではないでしょうか。

交際する相手を外面的に狭《せば》めることは、自分の人生の可能性も狭めることでもあります。栄一が指摘するように、相手の貴賤上下や階級がどうであれ、真心を活かすことで、人生の意味が深まります。

そのような気持ちで、多くの人とよき交際をしたいものです。

二八、親切が最大の美徳

人世に取つて
親切が最大の美徳

勿論広い世間には丁寧親切でなくて成功する者もあるかも知れぬが、惟《おも》ふにそれは特殊の場合殆《ほとん》ど例外といふべきもので、余は人世《じんせい》に取つて親切が最大の美徳と信ずるから、平素もそれに就て専ら心を労する訳である。

世には動もすれば他人が親切からする忠告も聞くことを好まぬものがある。

人の忠告を容れて其の身を完《まっと》うした例は今も昔も沢山あることで、一身を立つる上、将た世に処する上に於て心せねばならぬ要件であらうと思ふ。

●本当の親切とは人・モノ・コトの本質を見出すことにある

成功するためには競合する相手を蹴落として、容赦なく踏み潰す覚悟が必要という考えが世の中では少なくありません。しかし、仮にそのようにして成功したとしても、本当に心から満足感を得られるのでしょうか。

もちろん親切だから成功するとは言い切れません。でも、親切であっても成功する場合は多々あります。

「お人好《よ》し」と「親切」は、意味が異なると思います。「お人好し」の場合、全ての事を善意でとらえているので、他人から利用されたり騙されたりしやすいという傾向があります。言い換えれば善意と悪意の区別の本質がわからない人を「お人好し」と呼ぶのでしょう。

善意に見えても実際は悪意かもしれません。悪意に見えても実際は善意になるかもしれません。栄一は常に本質の追求を提唱しています。

一方、「親切」とは身近に寄り添って行き届く思いやりですから、自分の意思をしっかりと持たなければなりません。ここが「お人好し」とは異なるところです。

自分が「親切」と思っていても、相手は余計なお世話と感じている場合もあります。だから、「親切」には事の本質を見出《いだ》す力も必要となります。

そういう意味で、本質を見出すことが真の美徳とも言えるでしょう。

二九、天命を楽しんで事を為す

天命を楽んで
事を為すといふことは
処世上に於ける第一要件

天命とは実に人生に対する絶体的の力である。此の力に反抗して事を為さんとしても、それが永久に遂げ得るものでないことは必ずしも、余が説く迄もなく既に幾多の歴史が之を証明して居る。

彼の「天命を知る」時に於て、人は初めて社会的に順序あり系統ある活動が出来ると共に、其の仕事も永久的生命のあるものとなるので、これ即ち天祐《てんゆう》、天運の起る所以《ゆえん》である。されば天命を楽んで事を為《な》すといふことは処世上に於ける第一要件で、真意義の「あきらめ」は何人《なんぴと》も持たなくてはならぬ。

●想像力を発揮して天命を楽しむことが人間の務め

運命とは「運ぶ命」です。したがって、自分の考えや行いによって運命は変えることができます。

一方、宿命とは「宿る命」です。自分の誕生日、血液型、生まれた国など自分で宿命を変えることはできません。

ここで栄一のいう「天命」とは「天から与えられた命」なので、運命とは異なり、自分では変えられません。また、同じ変えられないものであっても、自分の誕生日など宿命はわかりやすいのですが、自分の天命はわかりづらいものです。だからこそ、「天命を知る」姿勢が重要なのです。

実際に、人間という存在に「天」の意図が正確にわかるわけはありません。「天」を「宇宙」と言い換えれば、人間という存在は宇宙では無意味なちっぽけな存在です。

しかし、天は人類に想像する力を与えてくれました。想像力とは、すべ全てのデータがそろっていない現状から飛躍する力です。これは、ＡＩ（人工知能）にはできないことです。

人間は飛躍できるからこそ、実際にはわからない「天命」を主観的に「楽しむ」ことができます。そして、自らの存在の意味を見出すことができるのです。栄一のいう「あきらめ」も、楽しくないからやりたくないと思う主観性です。

私たちが他の生物と共生する地球で、人類だけが「天命を楽しむ」力を天から与えられました。だったら、その想像力を活かすことによって、天命を楽しむことこそ人間の務めと言っていいのではないでしょうか。

三十、生まれたときから天命を受けている

人は生れると共に
天の使命を享けて居る

元来人が此の世に生れて来た以上は、自分の為のみならず、必ず何か世の為になるべきことを為すの義務があるものと余は信ずる。即ち人は生れると共に天の使命を享けて居る。

才能ある者はあるだけ、又少いものも少いだけの才能を用ひ、夫々《それぞれ》力を尽すのが人として此の世に対する義務であると余は確信して居る。

●命のバトンを次世代に渡すという使命

　自分の存在は一世代前の二人のおかげです。自分を産んでくれた両親です。そして、二世代前は四人のおかげになります。自分の祖父母たちです。

　このように考えると、三世代前は八人のおかげ、四世代前は十六人のおかげになります。自分にとって渋沢栄一は偉大な存在ですが、他の十五人がいなければ、自分の今の生命的な存在はありません。

　更に遡《さかのぼ》ると五世代前は三十二名のおかげ、六世代前は六十四名のおかげ。十世代前は一千二十四名のおかげになります。

　これが、二十世代前になると百万人を超えます。そして、一世代を三十年と見積もった場合、現在から三十三世代前のおよそ千年前の平安時代では、およそ八十六億人のおかげになります。現在の地球の人口より多くなるのです。

もちろんこれは単純な計算のお遊びです。

しかしながら、現在から千年ぐらい前のとてつもない数々の先祖のおかげで、我々は生を受け、自分の今があることは確かです。

つまり、我々一人ひとりが今ここに存在しているというのは奇跡的なことといっていいのです。統計的には二度と起こらない存在が我々なのです。したがって、「人は生まれると共に天の使命を受けている」と想像してもよいでしょう。

そう考えると、命というバトンを次世代に渡すことは我々に課せられた大切な使命の一つと言っていいでしょう。命のバトンはずっと世代を遡って、渡されてきたものだからです。

第四章

「私利私欲」から「公利公益」へ

——自分の仕事

三一、事業を拡大し、正しい道理の富を築く

商業道徳といふものは、事業を完全に拡張し、道理正しい富を益ゝ増進させてゆく所に伴ふものである

蓋《けだ》し殖利《しょくり》といふ事には常に利益が余計あればよいとの観念が先に立つものであるから、自然道徳に反し易い。併し富んだ人に仁者《じんしゃ》がない、貧乏人には賢者が多いとは少し解らぬ話である。

国を文明にしようと思へば、格物致知《かくぶつちち》をやらなければいかぬと説いて居る。此の例を以て推せば、生産殖利は道徳の中に十分含蓄《がんちく》し得るもので、殖利を完全にやって行くには、是非共道徳の必要を感ずることとなる。

凡そ商業道徳といふものは、事業を完全に拡張し、道理正しい富を益ゝ増進させてゆく所に伴ふものである。

●「格物致知」とは自らのうちに曇りのない理想を求めること

渋沢栄一が文明国のために必要であると説いた「格物致知」とは、物事の道理や本質を深く追求し理解して、知識や学問を深め得ること。現在から二千〜二千五百年ぐらい前の時代の中国の儒学者たちがまとめた『礼記《らいき》』大学編にある思想です。

「格物致知」の目的は、外在的な存在に至るのではなく、自分の心に内在する事物を修正していくことにあります。

ただ自分の心を凝視する視点を持つのは難しいことです。ガイドラインやコンプライアンス・マニュアルに書いてあるものではないからです。

「皆がそうしているから」といって空気を読むのではなく、「会社に言われたから」といって当事者意識を放棄することなく、何が正しいか、正しくないか。何をなすべきか。いかになすべきか。これらを自らの内に聞いて自らの進むべき道を決めるのです。

これらを追求することが道理です。道理とは自分の中にあるものです。その道理に照らし合わせても曇《くも》りがない事業であれば、どれほど拡大しても、どれほど利益を上げたとしても、後ろめたさを感じることは全くないと栄一は唱えます。

理想かもしれません。でも、理想を常に追求し続けることが文明国の人々の求めるべき姿です。

三二、自分から拡張する覚悟

何事に依らず
自分から整理し拡張してゆくの
覚悟を持たなくてはならぬ

余は、新時代に活動すべき少壮実業家に対して希望を述べる。過去の実業界は余りに政府の力に依頼し過ぎた。故に今後の実業家は過去の此の失策に鑑《かんが》み、何事に依らず自分から整理し拡張してゆくの覚悟を持たなくてはならぬ。

今や静かに政府当局者の現在の仕事振りを観察するに、種々の民業を次第々々に官の手に収めて仕舞はうとする弊があるやうである。

●民間が政府の権力に頼ると国力は衰える

民主主義国において、政府の権力とは国民から与えられているものです。一人の国民が、その力に頼りたい、用いたいと思うことには一理あります。国民の力では成し遂げられないことでも、政府という「みんな」の力を活用すれば実現できることが多々あるからです。

例えば、社会的・法的な整備によって人々が安全安心に暮らせるようにすることは政府の役目です。

また、政府は国民が活躍できる「場」を維持し、フェアプレイを保証する「審判」です。国民の働きによって稼いだ富が社会隅々へと再分配される仕組みを維持することも政府の大切な役目です。

しかし、そのフェアプレイを保証すべき政府が「審判」ではなく「プレイヤー」として参加し、あるいは一部の利益のために与えられた力を行使するようでは、言うまでもなく、本末転倒です。これは栄一の時代でも、今の時代でも同じです。

栄一が指摘するように、政府の力に頼りすぎず、民間が自ら「整理し拡張してゆく覚悟」を持たなければ、国力の源である経済力、換言すれば、人間力が衰えてしまいます。

現在、間接誘導から直接介入へと展開した金融政策は、市場の「価格発見機能」を壊しています。一方、財政政策は現世代の生活維持のために、ツケを将来世代へ回しています。色々と課題がある新時代です。

三三、真の商業は公利公益

真の商業を営むは私利私慾でなく、即ち公利公益である元来商業を営むといふことは、自己の為に起る行為に相違なからうが、商業といふ職分を自己一身の為のみと思ふと大なる間違ひである。

真の商業を営むは私利私慾《しよく》でなく、即ち公利公益であると思ふ。或る事業を行つて得た私の利益と謂ふものは即ち公の利益にもなり、又公に利益になることを行へばそれが一家の私利にもなるといふことが真の商業の本体である。

●真の商業とは社会に価値を提供し対価を得るもの

社会が求めているモノやサービスを提供する、あるいは付加価値を提供することによって、その対価が支払われます。そして、その売上から従業員の給料や取引先の請求が支払われ、銀行へ借入金の金利が支払われます。また、国に税金を納め、残った部分は投資家へ配当として支払われることになります。

会社が事業を通じて自社の利益を上げようとする行為によって様々なステークホルダーへお金が循環します。「自分の為」が「自分の為」に留まらず、「皆の為」につながる構図です。

また、逆のことも言えるかもしれません。より安全な、より安心な社会を現後世に残すことに努める「皆の為」の事業は、「自分の為」にもなります。

これは社会に「貢献する」という第三者的な、やや上から目線の立場ではありません。ここにあるのは、自分自身は社会と一心同体であるという「当事者意識」です。

その一方で、「皆の為」「公益」と言いながら、実は「自分の為」のみを目《もく》論《ろ》んでいる事業も残念ながら少なくありません。「私利私慾」を目的とした商業は真の商業ではないと栄一は言います。

勘違いしてはいけないのは、利益を目的にしない事業だから清いという因果関係はどこにもないということです。また、公益だから利益を上げてはならぬという考えにも根拠性はありません。

社会に価値を提供することは公益です。その付加価値の対価によって富むのは自分だけでなく、皆です。それが真の商業であると栄一は言うのです。

三四、経営者の眼中にあるべきもの

経営者の眼中に
国家もなく社会もない様では、
その事業は到底永久的生命を
保ち得るものではあるまい

惟ふに事業経営の如き、経営者の眼中に国家もなく社会もない様では、その事業は到底永久的生命を保ち得るものではあるまい。唯々目前の利益にのみ眩惑《げんわく》せられ、其の国家社会と共に発展し行くことを度外視するならば事業の基礎堅実にして永久的の生命あることは望み得べからざる所である。

●今、経営者に求められる覚悟とは何か

かつては自身の事業の繁栄のみならず、国家の行方について積極的に意識を注いだ経営者が多かったという指摘があります。

しかし、その時代は右肩上がりの高度成長期であり、国家の行方について語る余裕があったのかもしれません。また、当時は会社の経営活動に目を光らせ「モノ申す株主」の面影もありませんでした。コンプライアンスに縛《しば》られることのない、大らかな時代で、経営者の視野が広まることは自然の流れだったのです。

そういう意味で、当時の経営者とは違い、現在の経営者への要求は比べようがありません。デフレ経済が常の時代で企業価値を向上しなければならないという厳しい経営環境にあるだけでなく、本業と関与しないことに取り組

んでいると思われることがあれば、利益相反という批判を食らいます。

しかし、これから高齢化少子化によって人口の減少が避けられない日本において、企業が国外からの成長を取り込むことは社会の繁栄のために必須です。そのために、経営者が目前の利益だけではなく、世界の持続的成長へ目を配るということは当然の話です。

国連が二〇一五年に採択した「二〇三〇年アジェンダ」、ＳＤＧ（持続可能な開発目標）は遠い途上国の経済開発の援助に限られたことではありません。先進国である日本の持続可能性についても、民間企業へ当事者意識の覚悟を問いかけたものでもあるのです。

三五、経営者に適当な人物がいるか

事業成立の暁に於て
その経営者に適当なる人物
あり否やを考ふる

今企業に関する最も注意すべき要項に就き

一　其の事業は果して成立すべきものなるや否やを探究すること

二　個人を利すると共に国家社会をも利する事業なるや否やを知ること

三　その企業が時機に適合するや否やを判断すること

四　事業成立の暁《あかつき》に於てその経営者に適当なる人物あり否やを考ふること

これはいふ迄もなく、如何なる事業でも人物を得なければ駄目であるといふことを述べたのである。

●渋沢栄一が教える起業の「黄金ルール」

およそ五百の会社の設立に関与した渋沢栄一の起業における「黄金のルール」に耳を貸す価値はあるでしょう。栄一は次の四つの条件を挙げています。

第一に、どのような壮大なビジョンを描いているとしても、その事業のソロバン勘定が合うかどうかを見極める。

第二に、社会が必要としている付加価値を提供している事業であるかどうかを見極める。

第三に、いかに素晴らしいビジネス・モデルの事業であっても、その会社を起こすタイミングが合っているかどうかを見極める。

第四に、最も重要なことは、その事業を立ち上げる際に相応しい経営者であるかどうかを見極める。

これは、渋沢栄一の時代でも、現在のベンチャー企業でも同じことが言えます。

仮に収益モデルが確立していて、今までなかったようなイノベーションを提供できて、起業のタイミングも良好だったとしても、的確に指揮できる経営者が不在であれば絵に描いた餅に終わってしまいます。

企業の最大な資産は工場などの設備でも、特許などの知的財産でもなく、人なのです。そして、その人材という資産を活かして企業価値を創造する担い手が経営者です。

三六、不信任あれば、いつでも去るべき

会社経営上に就て
一朝株主から不信任を抱かれた場合は、
何時でも会社を去らなければならぬ

例へば一会社に於ける重役が、株主から選ばれて会社経営の局に当る場合には、会社の重役たる名誉も会社の資産も、悉《ことごと》く多数株主から自分に嘱託《しょくたく》されたものであるとの観念を有ち。

それは会社経営上に就て一朝株主から不信任を抱かれた場合は、何時でも会社を去らなければならぬからである。なぜならば総て重役が其の地位を保ち其の職責を尽して居るのは、必ず多数株主の希望に依るものであるから、若し多数人の信任が無くなつた際は、何時でも潔く其の職を去るのが当然のことである。

●経営者の出処進退はいかにあるべきか

経営者に自尊心があることは当たり前です。組織を上り詰めたサラリーマン社長もそうですが、オーナー系経営者であればその傾向はさらに高まります。ましてや自ら組織を立ち上げた創業経営者の自尊心は比べようにならないでしょう。

しかし、企業は原則としてゴーイング・コンサーン、持続的に継続することを前提にしている存在です。一方、超人的に有能な経営者でさえ人生には限りがあります。

ゼロから起業して有を生み出した創業経営者にとって、会社は自分と一体化している存在といってもいいでしょう。しかしながら、その会社の実績は自分だけの成果ではなく、社員、取引先、顧客、場合によっては他の株主のおかげによるものです。

また、会社を上場すれば、それは決定的に私的な存在でなくなり、公の「モノ」になります。

仮に経営者が株主を含むステークホルダーからの信任を失った場合、栄一が主張するように、「何時でも会社を去らなければならぬ」のです。それが当たり前なのです。

また、信任を失ったわけではなくても、退任した経営者がいつまでも顧問や相談役として会社に居座ることについては、栄一も芳《かんば》しくないと考えたと推測できます。「ガバナンス」とは決して近年外来した概念ではないのです。

三七、百の法文、千の規則よりも勝つ

王道は即ち人間行為の定規である
との考へを以て世に処するならば、
百の法文、千の規則あるよりも
遙に勝つたこと

若し夫れ富豪も貧民も王道を以て立ち、王道は即ち人間行為の定規《じょうぎ》であるとの考へを以て世に処するならば、百の法文、千の規則あるよりも遥《はるか》に勝つたことと思ふ。

勿論国民の全部が悉く富豪になることは望ましいことであるが、人に賢不肖《けんふしょう》の別、能不能の差があつて、誰も彼も一様に富まんとするが如きは望むべからざる所、従つて富の分配、平均と抔は思ひも寄らぬ空想である。要するに富む者が有るから貧者が出るといふ様な論旨の下に世人が挙《こぞ》つて富者を排擠《はいせい》するならば、如何にして富国強兵の実を挙ぐることが出来ようぞ。

●「やり方」ではなく、「あり方」を重視する

コンプライアンス・マニュアルやガイドラインを遵守《じゅんしゅ》することが仕事の日常である昨今、「王道」とは何かという問いかけは日々の慣習にないかもしれません。

栄一は「王道とは人間行為の定規」と表現していますが、これは線を描く道具というより、模範という意味を念頭に置いていたのでしょう。

つまり、王道とはルールのように外面的にあるものではなく、自分の心の中にある内面的な存在。誰かに決めてもらうものではなく、自分自身が決めるものなのです。

言い換えれば、ルールという方法論だけに頼ることなく、プリンシプルという原則を重視する姿勢です。

性悪説に立った場合、規則や賞罰は不可欠なツールです。しかし、それでは、事前に定めた枠の内側に留まることに行動が偏るため、飛躍という面では期待感が乏しいのです。

一方、「やり方」ではなく、「あり方」である性善説を実践する際には色々な課題があります。ただし、性善説は自律や秩序を説くものの、柵《さく》によって内側に留めるという概念ではないので、新たな飛躍の展開に門が開いています。

つまり、仮に誰かが功を成し遂げたとしても、人の足を他が引っ張ることがないし、また功を成し遂げた人も他へ手を差し伸べる。だから、誰でも功を成し遂げる可能性がある。それが性善説に立った見方です。そして、そういうあり方こそが、人間行為の王道というものではないのでしょうか。

三八、女性も男性同様に重んじるべき

女子も矢張社会を組織する上に其の一半の責を負うて立つ者だから、男子同様重んずべき

婦人に対する態度を耶蘇教《やそきょう》的に論じて云々することは姑《しばら》く別とするも、人間の真正なる道義心に訴へて、女子を道具視して善いものであらうか。人類社会に於て男子が重んずべきものとすれば、女子も矢張《やはり》社会を組織する上に其の一半の責を負うて立つ者だから、男子同様重んずべきものではなからうか。

●女性の活躍によって生まれる可能性に期待する

別に欧米社会がそうだから、日本も同じように真似をすべきということではありません。人間として当たり前のことを、当たり前に実践するのが道義心だとすれば、社会において女性が活躍することは何一つ不具合があるものではなく、当たり前のことでありましょう。

また、女性の「活用」という表現を使うと、それは「労働者の人数が足りないから女性も働くべき」という意味に、つまり、女性は単なる労働の道具であるといっているように聞こえてしまいます。

「活用」ではなく、あくまでも女性の「活躍」が社会にとっての王道だと思います。

かつての時代背景でいえば、高度経済成長がありました。男性諸君で粒を揃え、コロコロ転がすだけで効率的に価値がつくれた時代でした。

でも、今は違います。人口ボーナスが期待できない低経済成長では、画一的な価値観では新しい価値や成長はつくれません。

やはり、既存のやり方や体制に、多様な視点や新しい仕組みを取り入れることが必要になっています。

女性の活躍によって、足元の仕事の効率性や事業の収益性が高まることはないかもしれません。なぜならば、色々な労働慣習を変えなければならないからです。でも、そこから必ず新しい「命」が生まれるはずです。新しい社会をつくるためには、そこを重視し、評価していかなくてはなりません。

三九、男女の異なる特性を活かすべき

元来女子は
男子と異つた特性
といふものを持つて居る

元来女子は男子と異つた特性といふものを持つて居る。此の特性あるが為に女子は女子らしくして男子と区別されるものであるから、如何に学問すればとて此の特性を失うて仕舞ふ様なことがあつては、教育は却て有害無効のものとなるのである。

余が理想とする女子教育の本領は、男子と略《ほぼ》、同様なる学問をさせて智識を錬磨せしむると同時に、古来女子として尊敬されて来た所の女子の特性を益、発揮せしむる点にあると考へる。

●働き方改革には多様性がもたらす気づきが欠かせない

女性が活躍するというのは、それは職場において女性が男性化する、あるいはユニセックス化することではありません。男女の特性を均一化することが目的ではなく、あくまでもダイバーシティ（多様性）を活かすことが重要になります。

会社にダイバーシティを取り込もうとすると、最初は色々な戸惑いが生じると思います。今まで、男性同士の暗黙の了解をもとに仕事をしていたところに、働き方の変化が必要となる場合があるからです。

例えば、子育て中の母親の場合、定時の時間に帰宅する必要があるかもしれません。仕事が終わるまでは残業してでもするというのではなく、定時の勤務時間内に終わる仕事をするという労働条件が必須になります。

それを可能にするために、午後五時以降のミーティングを禁止するという社内ルールが実施されるとします。最初は今までの慣習と異なるルールに不便を感じるかもしれません。

しかし、慣れてしまえば、ずるずると仕事をするのではなく、意思決定のプロセスのスピードアップにつながり、皆にとって利点がある働き方改革となるに違いありません。

男女を問わない普遍性のある学び、男女の視点があるからこそ、新たな気づきが生まれるのです。これがダイバーシティから期待できる効果です。

四十、最近の若者が劣っているわけではない

昔日と今日とを比較して、
学生の人物が
必ずしも劣つたとは観られぬ

要するに是は時代機運の変が人心に及ぼす結果、人心をして自然に時代と伴ふやうに変化せしむることになるからであらう。

今日憂国の士が、昔日偉かつた学生の風儀《ふうぎ》や気質を観た目を以て現今の学生の風儀や気質を評論し、直ちに断案を下して、今の学生は昔の学生に劣つて居るといふに至つては妄もまた甚しいではないか。余は昔日と今日とを比較して、学生の人物が必ずしも劣つたとは観られぬのである。

●どんな時代でも若者には無限の可能性がある

自分が育った時代環境における成功体験を基に、「最近の若者は」という批判や嘆きは的外れであると栄一は指摘します。

新世代である若者たちは、どの時代においてもその時代の社会環境に合わせられる特性があります。一方、旧世代である多くの輩《やから》は、そのような柔軟な特性が硬化してしまい、旧時代の常識や慣習から現在を判断する傾向があります。

時代が著しく変化する中、社会における次世代の役目は、その新たな時代の変化に応じることにあります。

しかし、どのように時代が変化しても、どの時代でも必要とされる普遍性もあります。例えば、仁・義・礼・智・信の五徳などはそうでしょう。普遍性がなければ、儒教が説く徳が二千五百年という長い年月にわたって、伝わり続けたわけがありません。

歴史をひもとくと、確かに昔は志の高い偉い人がいました。しかし、気力のないぐうたらな人もたくさんいたに違いありません。ただ、そういう人は歴史や記憶に残りません。残るのは事を成し遂げた偉い人たちだけです。だから、昔の人は皆偉かったと思ってしまうのです。

今の時代にも、気力のないぐうたらな若者はたくさんいるでしょう。その一方で、とんでもなく志が高い偉い若者たちが活躍していることに旧世代はもっと目を向けるべきでしょう。

栄一が指摘するように、昔も今も変わることなく、若者には無限の可能性が溢れているのです。

四一、罪を憎む、人を憎まない

人を諫めたり責めたりする場合に於ける根本条件としては、所謂「罪を悪んで人を悪まず」といふ態度を以てしなくてはならぬ過失を責めるに方り先づ第一に心すべきことは、其の人に対して幾分なりとも憎悪の念を挾んで居てはならぬといふことである。若し左様いふ心で人を責めては、折角の心尽しも何等の効果なきものとなるのみならず、却て時に依れば飛んでも無き禍根《かこん》を残すことが出来せぬとも限らない。

故に人を諫《いさ》めたり責めたりする場合に於ける根本条件としては、所謂「罪を悪《にく》んで人を悪まず」といふ態度を以てしなくてはならぬ。

●過ちを学びの契機にしなければ意味がない

誰でも過ちを犯します。そして、立場上、その過ちや悪い点を指摘し、改めるように忠告する必要に迫られる場合もあります。そんなときに、「おまえはバカか」と相手を責めることと、「おまえはバカなことをした」と行為を注意するのでは、ほとんど同じ言葉を使っていますが、相手に伝わっているメッセージは全く異なります。

前者は「人を悪んで」いますが、後者は「罪を悪んで」います。罪を責めるのではなく人を責めてしまうと、栄一が指摘するように、その人は心の壁を高くして、逆に将来の禍の種をまいてしまうかもしれません。

そういう人は、注意の言葉で過ちを改めるどころか聞く耳を持ちません。しこりが残り、信頼関係が悪化し、仕事に支障が生じる展開になるかもしれません。

あるいは、あまりにも過剰に人格を責められてしまうと自信喪失《そうしつ》になり、今後の取り組みに消極的になってしまうかもしれません。これでは、進むべき仕事も進まなくなってしまいます。

人は過ちから学ぶべきです。過ちの原因を究明して今後の行動を改めるべきです。それをせずに過ちを起こした人を責めるだけでは、せっかくの学びの機会を喪失してしまうことになってしまいます。これでは成長も発展もありません。

四二、世の中でいくらでも必要な人材

偉い人の要途は無限とは云へぬが
完き人なら幾らでも必要な世の中である

偉い人と完《まった》い人とは大に違ふ。偉い人は人間の具有すべき一切の性格に仮令欠陥があるとしても、其の欠陥を補うて余りあるだけ他に超絶した点を有する人で、彼此完全なるものに比すれば云はば変態である。それに反して完き人は智情意の三者が円満に具足した者、即ち常識の人である。余は勿論偉い人の輩出を希望するのであるけれども、社会の多数人に対する希望としては、寧ろ完き人の世に限なく充たんことを欲する。偉い人の要途は無限とは云へぬが完き人なら幾らでも必要な世の中である。

●社会はいつも常識人を求めている

一般的に、リーダーシップが必要であるといいます。リーダーとは目指すべき方向を定め、他を動員し、ゴールを達成して成果を出す偉い人です。

ただ、栄一は指摘します。偉い人はもちろん必要である。しかしながら、そんなにたくさん必要ないのではないか、と。

偉い人は、ある意味で特殊な人物で、どこか角が尖《とが》っているところがあります。そのような尖った人たちがたくさん集まると、角が多くなって事が回らなくなり、むしろ、逆効果になるかもしれません。

一方、「完き人」とは智・情・意というバランス感覚がある人を示します。それを栄一は「常識の人」としています。

「知る（智）」ことは大事ですが、知っているだけでは必ずしも行動につながらない場合があります。

事が動き始めるのは、自分から湧き上がってくる情熱や相手に手を差し伸べる情愛という「情」によります。

しかし、情に溢れるだけであれば、流されてしまう可能性があるので、成し遂げるという「意」も大事です。

ゆえに「智情意の三者が円満に具足」している人が求められるのです。

この三つの要素がバランスを保ちながら向上し続ける人材であれば、共に働きながら共創することができます。このような人材であれば、世の中に活躍の場は無限にあるはずだ——栄一はそのように考えました。

第五章

民間の活力で黄金の国を造る

――自分の国

四三、国民の権利と義務

自らなる国民の権利義務として
忠君愛国の念が厚くなければならぬ

日本人として日本国に生れた以上は、自らなる国民の権利義務として忠君愛国の念が厚くなければならぬ。従つて余は実業家でありながら其の家訓に愛国忠君を説いたのも此の理に外ならぬことで、仮令町人であり商工家であるとしても、その国家を思ひ忠君を期するは、決して他の文武官に劣る所が有つてはならぬと思ふからのことである。

●自分たちの国に対する意識を変えなければならない

日本は良い国です。日本人に生まれてきてよかったと思います。読者の皆さんも同じ気持ちでしょう。

でも、時々、日本人は国民という当事者意識が薄いと感じることがあります。「故郷」というと自分が生まれ育ったところという認識をしっかりと持っていますが、「国」というと、「お上」、つまり、「政府」を連想する日本人が少なくないようです。

政府や役所が「国」でしょうか。そうであれば、「国民」とは政府や役所に属している人々を指すことになってしまいます。あるいは、我々は「お上」の統治下にある下民なのでしょうか。

「私」は自分のこと。これは誰しもわかります。一方、「公」とは自分を含む「みんな」のことではなく、政府や行政という自分とは別の存在という感覚を持っている日本人が少なくないようなのです。

アメリカの建国理念には当事者意識についてはっきり示されています。アメリカ国民には、植民地が統治国家へ反旗をひるがえし、自分たちの先祖が血を流して確立した独立国というオーナーシップ（当事者意識）があります。政府や役所はpublic servant、公（みんな）の使用人という位置づけです。

日本人がアメリカ人になる必要はありません。しかし、国の当事者であるという意識を高めることは、日本のこれからの繁栄に必須であると考えます。

四四、社会への利益は自分のため

其の道理に協つたやり方をすれば
国家社会の利益となるかを考へ、
更に斯くすれば
自己の為にもなるかと考へる

即ち事柄に対し如何にせば道理に協《かな》ふかを先づ考へ、而して其の道理に協つたやり方をすれば国家社会の利益となるかを考へ、更に斯くすれば自己の為にもなるかと考へる。左様考へて見た時、若しそれが自己の為にはならぬが、道理にも協ひ、国家社会をも裨益《ひえき》するといふことなら、余は断然自己を棄てて道理のある所に従ふ積りである。

一言にして是非曲直、道理非道理と速断しても、適切でなければ折角の苦心も何にもならぬ結果となる。

●仕事に「意味」があれば働くことは苦にならない

仕事をすることは生計を立てるため。つまり、自分のため。働けなければ、家族の衣食住を支えることができないので、これは一般的な考えです。つまり、仕事とはお金を稼ぐ「機能」という考えです。

ただ、このような勤労観に留まるようだと、それは自分の大切な時間を切り売りして金を稼いでいるという状態に陥っているのと変わりません。

栄一がいう「道理に協ふ」働きとは、意味がある働きと解釈できます。仕事とは単にお金を稼ぐ「機能」ではなく、「意味」があるという指摘です。

仕事の内容によっては、生計を立てる以上に稼げるかもしれませんが、いくら稼いだとしても、そこに意味を見出だすことができなければ、いずれバーンアウトしてしまうでしょう。

一方、微々たる報酬であっても、そこに意味を感じるのであれば、その仕事に就いて働くことは苦にならないはずです。

道理とは、自分と人や社会との関わりによって、意味が深まります。自分の仕事が他の人の役に立っている、社会の役に立っていると感じているのであれば、意味が深まるのです。

そして、意味が深まれば、その仕事とは、必ず自分の為にもなるのです。

四五、自分の相当の職分を尽くす

富強者が貧弱者に対して相当の職分を尽すことは、文明的国民の唯一の徳義

若し実業家が我勝ちに自利自慾を計るに汲々として、世間は如何ならうと自分さへ利益すれば構はないというて居るならば、社会は益〻不健全となり、嫌悪すべき危険思想は徐々に蔓延《まんえん》するやうになるに相違ない。

富強者が貧弱者に対して相当の職分を尽すことは、文明的国民の唯一の徳義となつて居る。

●共感、共助、共創によって格差のない社会を目指す

富の再分配は政府のひとつの大事な役目です。資本主義が生んだ格差の是正は政府による富の分配しか選択肢がないという主張もあります。

しかし、社会の格差是正を政府主導だけに頼ってしまう場合、それで健全な社会といえるでしょうか。そのような社会で、人々の可能性や幸福を最大化できるでしょうか。渋沢栄一の答えは、ノーでした。

格差を埋める「コモン・グラウンド（共有の場）」をつくることが栄一の考えであったと思います。政府の場づくりではなく、民が主役として共創する共有地です。

そのコモン・グラウンドに必要な要素が三つあります。

まずは普遍性を学ぶ、新たな気づきを得るための「知る」という要素が必

要です。

また、同じところに留まらず常にチャレンジを「好む」要素も必要です。

そして、何よりも、面白くて「楽しむ」要素が不可欠でありましょう。

コモン・グラウンドには共感によって人々が集まります。しかしながら、人によって強弱、濃淡得意不得意、長所短所があります。だから、共助で補う必要があるのです。共感と共助ができるのであれば、それは共創へとつながります。

共感によって集まり、共助によって互いを補い、共創する。これが、渋沢栄一が描いた資本主義の姿です。

四六、国があるからこそ自分ができる

国家社会の助に依つて自らも利し安全に生存することも出来るので、若し国家社会が無かつたならば何人たりとも満足に此の世に立つことは不可能であらう

如何に自ら苦心して築いた富にした所で、富は即ち自己一人の専有だと思ふのは大なる見当違ひである。要するに人は唯一人のみにては何事も為し得るものでない。国家社会の助に依つて自らも利し安全に生存することも出来るので、若し国家社会が無かつたならば何人たりとも満足に此の世に立つことは不可能であらう。これを思へば、富の度を増せば増すほど社会の助力を受けて居る訳だから此の恩恵に酬《むく》ゆるに救済事業を以てするが如きは、寧ろ当然の義務で出来る限り社会の為に助力しなければならぬ筈と思ふ。

●社会基盤や環境の整備は政府だけの仕事ではない

最大の社会貢献とは税金をきちんと支払うこと。このような主張を時々聞きます。既に多額な税金を納めているのであるから、十分、社会に貢献している。他の社会事業へ寄付する必要はなかろうという声も聞こえます。

全く賛同できない考えです。まず、税を納めることは、そもそも「貢献」ではなく、「義務」なのです。

それから、オレは稼ぐことだけに集中するので社会事業のすべてを政府や行政に任すというのは、社会の当事者意識が欠落しています。

なぜ自分は稼ぐことができているのか。それは栄一が指摘するように、安全安心で仕事ができる社会的基盤や環境が整っているからです。

そして、その基盤や環境を創って維持するのは政府だけの役目ではありません。社会のステークホルダー（当事者）の働きによって共に創られ、維持されているのです。

政府の手は万能ではなく、万能になるべきでもありません。政府の手が届いていないところは、民間同士の共助によって誠意的に取り組む必要があります。

ＮＰＯやＮＧＯは政府の下請けではありません。民の手によって独立している社会事業セクターになるべきです。

四七、必ず黄金の国になる

斯の如き人が多数あつたなら、
その国は必ず
黄金国となるであらう

氏は彼の如き十幾億の富を蓄積し得たるは、我が智慧《ちえ》我が労力のみに因るに非ず社会も亦与って力ある者であると謂うて、殆ど其の富を我が専有物とせず、其の大部分は国家のものと思惟して居る。其の崇高清潔なる心事は誠に欽慕に堪《た》へぬのである。斯の如き人が多数あつたなら、其の国は必ず黄金国となるであらう。由来拝金宗の国民と称せられたる米国に於て斯の如き人を見ることを得るは、実に余が痛快に感ずる所である。

●日本は黄金の国になる可能性を持っている

繰り返します。日本は良い国です。そして、日本はもっと良い国になれます。黄金の国になれます。

それも、拝金主義の金の国ではなく、渋沢栄一が提唱するような道理ある黄金の国です。そして、それを可能にする資源も豊富です。つまり、富の蓄積です。

一部の富裕層が蓄積している富ではありません。日本全国、隅々に暮らす普通の日本人が保有している現預金の総額は現在、約九百四十四兆円（平成二十九年六月末現在）にもなります。

仮に、一兆円分の一万円札を一枚ずつ重ねたら、高さがどれくらいになるか想像できますでしょうか。日本で最も背が高い富士山のおよそ三倍と聞いたら、信じられますか。

百万円分の一万円札を重ねると約一センチになります。ということは、一千万円は十センチ、一億円は一メートルの高さになります。

そして、十億円は十メートル、百億円は百メートル、一千億円は千メートル。一兆円はその十倍になりますから一万メートル、つまり高さ十キロメートルです。

その九百四十四倍の富を、日本人は持っているのです。全国民が、その二～三割でも将来のための投資や寄付に回せば、どうなるでしょうか。日本はまごうことなき黄金の国になれます。

四八、地方は国の元気の根源

国家に取つての地方は
真に元気の根源、富裕の源泉である

若し地方には地方適当の事業が勃興し其の土地が益、繁栄するやうになり、都会は又都会として集中的大事業が起つて愈、繁栄を重ぬるやうになるならば、国家の前途は真に楽観すべきものであらう。

国家に取つての地方は真に元気の根源、富裕の源泉である。故に資本の供給を潤沢にし、地方富源の開拓を企つるならば、都会の事業に比して必ず遜色《そんしょく》なきものであらうと信ずる。

●「よそ者」「若者」「ばか者」が地方を活性化する

栄一の時代から現在まで、大事業は都会へと集中し、効率性が高まり、規模が拡大し、国が富みました。

一方、都会で稼いだ富が交付税や補助金などで地方へと再分配されましたが、栄一が指摘するような「適当の事業が勃興《ぼっこう》」は限定的で、空洞化が進みました。

グローバル資本主義の台頭で取り残された里山は、里山だけで完結できる資本主義社会を構築すべきという主張もあり、それには一理あります。ただ、地域社会が閉鎖的になることが、地域社会の繁栄につながるのでしょうか。日本の繁栄につながるのでしょうか。これははなはだ疑問です。

地域活性化に必要な三役は「よそ者」「若者」「ばか者」であるといわれて

います。「よそ者」は地域の枠の外から入ってきた存在。「若者」は地域の秩序をつくっている枠にまだ入っていない存在。そして、「ばか者」はそもそも枠を持っていない存在です。

もちろん、この三役だけで地域活性はできません。けれども、三役の視点を取り込むことによって、枠の中に新たな視点が芽生えて刺激され、地域の活性化へとつながる可能性が期待できます。

日本の元気の根源、富裕の源泉は地方です。その地方が枠の外から新たな視点で取り込むことが、元気の根源、富裕の源泉になるのです。

四九、経済と財政の調和

我が国の経済と財政とは
調和を保つて居らぬ

社会が進歩し人智が進めば進む程、人は益〻将来の事を注意するやうになる。

各人が皆将来の事を想ふ様になり、今迄は今日のことばかり考へて居た者が、明日を考へ今月を考へ、更に今年のみならず明年、明後年、否数十年後をも考へることとなり、自身のことは総て自己の力に頼らねばならぬもので他人は決して頼むに足らぬ。

元来我が国の経済と財政とは調和を保つて居らぬ。

然るに我国にありては、寧ろ国力の大部分を財政に投ずるといふ様な傾がある。

●将来世代の成長を先食いしている財政赤字の問題を直視せよ

栄一の時代では、国民は目先の生活を維持することが精一杯で、将来への蓄えが乏しかったのです。ところが、政府の財政の要求により、民が稼いだ富を将来の蓄えにも十分に回すことができない状態に栄一は不満を持っていたようです。

今の時代では家計の貯蓄は潤沢《じゅんたく》です。ただ、世代間で見た場合、その貯蓄は年配世代に偏っています。これから数十年の先の生活も考えなければならない、経済成長の恩恵を受けていない若手世代の蓄えは乏しいのです。

それも、単純な貯金では不利な状況にあります。デフレから脱却する旗を掲げている現在の金融政策は、国民が保有している現預金の価値を下げることを意図しているからです。成長性資産である株式を積み立てる投資などで資産を形成する意識が必要です。

お金の価値を下げるインフレ政策を実践しながらも、金利をほぼゼロに抑えていることは、一千兆円を上回る財政赤字という莫大な借金の手当てのためです。

借金とは、現在のために将来から借りることです。つまり、現世代の生活の維持のために、まだ生まれてきていない日本人を含む将来世代の成長を先食いしているという構図になっているのです。

経済と財政が調和を保っているとは決していえない現状に、国民の気づきを高めることが必須です。

五十、未だ創設の時代である

日本の現状は守成の時代でなく
未だ創設の時代である

余は今日の壮年青年に、斯の如き元気を持って貰ひ度いと切に希望するものである。早熟早老は決して青年の学ぶ可きものではない。

換言すれば、日本の現状は守成《しゅせい》の時代でなく未だ創設の時代である。

併《しか》し乍《なが》ら、全般からこれを観察するも、元気の薄らいだことは争はれぬ事実である。若し果して今後斯の如き現象が長く継続するとすれば、そは容易ならざる一大事で、我が国運の発展は此処《ここ》に停止するものと思はねばならぬ。

●想像力を活用し、さらなる発展へ向けて共創する

栄一が生きた時代はまだ日本の未来が大きく拓かれていました。でも、考えてみれば、どの時代においても、未来は常に拓かれているのです。昔でも、今でも、どの時代でも同じです。

過去に返ることも、過去を変えることもできません。また、将来もタイム・トラベルして変えることができません。唯一変えられるのは、今日、現在、今です。

今日、現在、今の我々一人ひとりが何を変えるか、変えないかによって、将来のシーンが変わっていきます。

過去の成功体験や発展モデルを、そのまま将来へ当てはめることはできません。時代が変わり、環境や役者が変わるので、その時代に沿った成功や発

展が生じます。

それが今は、モノからコトへ、コトからココロへ向かっているように見えます。このような発展が合っているのかどうかはわかりません。しかしながら、発展が停止することはないと思います。

なぜなら、物質的な成長を求める必要性が失せたとしても、人類は常に成長を求める、成長を必要とする生き物だからです。

地球に宿る様々な生命で、人類だけが他の生物が持っていない想像力を持っています。その想像力をフル回転させて活用しましょう。そして、共創しましょう。

日本の、世の中の創設の時代は終わりません。今日から新たに始まっているのです。

あとがき

本書でご紹介した渋沢栄一の言葉は、『青淵百話《せいえんひゃくわ》』という栄一の談話の百項目が筆記され、栄一が校正して発行した作品から抜粋しました。

簡易版などが出版されていますが、原書は「渋沢栄一伝記資料　別巻第六：談話」に掲載されています。「渋沢栄一伝記資料」とは本編全五十八巻、別巻全十巻の莫大な資料集であり、渋沢栄一研究の原資料となるものです。

渋沢栄一記念財団のウェブサイト*でデジタル版が公開されていますが、残念ながら現在は本編五十七巻までであり、ここでは『青淵百話』を閲覧することができません。ただ、その他、詳細な情報が掲載されていますので、関心がある方は是非アクセスしてみてください。

本書の出版にあたり、お世話になった致知出版社に大変感謝しております。丹念に編集にお付き合いいただいた小森俊司様に心より御礼を申し上げます。おかげさまで、渋沢栄一の言葉と思想を読者の皆様へお届けすることができました。

読者の皆様、最後までお付き合いいただき誠にありがとうございました。お考えや想いのご確認、あるいは新たな気づきにお役に立てたようであれば幸いです。

渋澤　健

平成二十九年九月吉日

＊ https://eiichi.shibusawa.or.jp/

原本には『渋沢栄一伝記資料　別巻第六』（渋沢青淵記念財団竜門社）を使用した。著者の意向により、一部割愛等を行った箇所がある。

〈著者略歴〉

渋澤 健（しぶさわ・けん）

1961年、渋沢栄一の玄孫として生まれる。1983年テキサス大学化学工学部卒。1987年UCLA大学でMBA取得。米系投資銀行で外債や為替などの運用に携わった後、1996年に米大手ヘッジファンドに入社。2001年に独立し、シブサワ・アンド・カンパニー設立。2008年コモンズ投信を立ち上げ、会長に就任。著書に『渋沢栄一 100の訓言』『渋沢栄一 100の金言』『渋沢栄一 愛と勇気と資本主義』(いずれも日経ビジネス人文庫)などがある

008 活学新書 渋沢栄一 人生を創る言葉50

平成二十九年十月二十五日第一刷発行

著 者 渋澤 健

発行者 藤尾 秀昭

発行所 致知出版社

〒150-0001 東京都渋谷区神宮前四の二十四の九

TEL（〇三）三七九六—二一一一

印刷・製本 中央精版印刷

落丁・乱丁はお取替え致します。 （検印廃止）

ISBN978-4-8009-1162-9 C0034

ホームページ http://www.chichi.co.jp

Eメール books@chichi.co.jp